Gerhard Lohfink · Der Tod ist nicht das letzte Wort

GERHARD LOHFINK

Der Tod ist nicht das letzte Wort

MEDITATIONEN

STIFTUNG
HAUS DER
ACTION 365

Inhalt

Vorwort

Die erste der folgenden Meditationen geht von einer
Frage aus, die mich seit langem bedrängt: Gibt es auch
heute noch Erfahrungen, die den Ostererfahrungen der
ersten Zeugen entsprechen? Falls es sie nicht gibt, bleiben die Ostererzählungen der Evangelien tote Texte, die
auch die sorgfältigste Auslegung nicht mehr zum Leben
erwecken kann. Es genügt deshalb nicht, den Sinn etwa
der Emmauserzählung rein exegetisch zu erheben. Die
Frage ist, ob sich ähnliche Erfahrungen mit dem Auferstandenen auch heute noch ereignen können.

Die zweite Meditation geht von der lukanischen Himmelfahrtsgeschichte aus. Auch hier steht nicht die Auslegung
dieser Geschichte mit den üblichen exegetischen Techni-
ken im Vordergrund. Es soll vielmehr deutlich werden,
dass sich in der Erzählung von der Himmelfahrt Jesu
eine Grundfrage menschlicher Existenz zu Wort meldet:
Mündet die Geschichte unserer Welt und unseres Lebens
in einen letzten Sinn oder in eine letzte Sinnlosigkeit?
Die Antwort versucht dann der dritte Beitrag dieses
kleinen Buches.

Es erschien zum ersten Mal 1976 im Herder-Verlag. Mehre-
re Jahre lang wurde es immer neu aufgelegt. Anscheinend
ist es oft verschenkt worden, vor allem bei Todesfällen. Anders kann ich mir die vielen Neuauflagen nicht erklären.

Nun hat mich Frau Gerlinde Back gefragt, ob es nicht der Verlag der action 365 erneut herausbringen könne. Das Thema sei wichtig, und viele Menschen warteten auf eine christliche Antwort. Ich danke ihr auch an dieser Stelle für ihre Initiative. Ich würde mich über nichts mehr freuen, als wenn dieses Buch erneut möglichst vielen Menschen die Freude und den Trost christlicher Hoffnung nahebrächte.

Auf eines möchte ich allerdings noch hinweisen: Das vorliegende Buch behandelt einzig und allein die Begegnung mit Gott im Tod. Unsere Ewigkeit beginnt aber schon früher: Tag für Tag unseres Lebens arbeiten wir an ihr. Tag für Tag sterben wir und kommen wir neu zum Leben. Tag für Tag will schon jetzt das Reich Gottes Realität werden mitten in unserer Geschichte. Über diesen Aspekt der »letzten Dinge« spreche ich in diesem Buch fast nicht. Darüber habe ich anderswo ausführlicher geschrieben, vor allem in den beiden Büchern: »Wie hat Jesus Gemeinde gewollt?« und »Braucht Gott die Kirche?«

Bad Tölz, am 15. August 2009 –
am Fest der Aufnahme Marias in den Himmel.

Gerhard Lohfink

TEIL 1
OSTERERFAHRUNG
AUCH HEUTE?

Mit Jesus auf dem Weg nach Emmaus

Gegen Ende seines Evangeliums erzählt uns Lukas die Geschichte von den Emmausjüngern (Lk 24,13-35). Es ist einer der schönsten Texte des Neuen Testamentes:

»Am gleichen Tag waren zwei von den Jüngern auf dem Weg in ein Dorf namens Emmaus, das sechzig Stadien von Jerusalem entfernt liegt. Sie sprachen miteinander über all das, was sich ereignet hatte.

Während sie redeten und ihre Gedanken austauschten, kam Jesus hinzu und ging mit ihnen. Doch sie waren wie mit Blindheit geschlagen, so dass sie ihn nicht erkannten. Er fragte sie: Was sind das für Dinge, über die ihr auf eurem Weg miteinander redet? Da blieben sie traurig stehen, und der eine von ihnen – er hieß Kleopas – antwortete ihm: Bist du so fremd in Jerusalem, dass du als einziger nicht weißt, was in diesen Tagen dort geschehen ist? Er fragte sie: Was denn? Sie antworteten ihm: Das mit Jesus aus Nazaret. Er war ein Prophet, mächtig in Wort und Tat vor Gott und dem ganzen Volk. Doch unsere Hohenpriester und Führer haben ihn zum Tod verurteilen und ans Kreuz schlagen lassen. Wir aber hatten gehofft, dass er der sei, der Israel erlösen werde. Und nun ist heute schon der dritte Tag, seitdem das alles geschehen ist. Aber nicht nur das: Auch einige Frauen aus unserem Kreis haben uns in große Aufregung versetzt. Sie waren in der Frühe beim Grab, fanden aber seinen Leichnam nicht. Als sie zurückkamen, erzählten sie, es seien ihnen Engel erschienen und hätten gesagt, er lebe. Einige von uns gingen dann zum Grab und fanden alles so, wie die Frauen gesagt hatten; ihn selbst aber sahen sie nicht.

Da sagte er zu ihnen: Begreift ihr denn nicht? Wie schwer fällt es euch, alles zu glauben, was die Propheten gesagt haben. Musste nicht der Messias all das erleiden, um so in seine Herrlichkeit zu gelangen? Und er legte ihnen dar, ausgehend von Mose und allen Propheten, was in der gesamten Schrift über ihn geschrieben steht. So erreichten sie das Dorf, zu dem sie unterwegs waren. Jesus tat, als wolle er weitergehen. Sie aber drängten ihn und sagten: Bleibe bei uns; denn es wird Abend, und der Tag hat sich schon geneigt. Da ging er mit hinein, um bei ihnen zu bleiben. Und als er mit ihnen bei Tisch war, nahm er das Brot, sprach den Lobpreis, brach das Brot und gab es ihnen. Da gingen ihnen die Augen auf, und sie erkannten ihn; dann sahen sie ihn nicht mehr. Und sie sagten zueinander: Brannte uns nicht das Herz in der Brust, als er unterwegs mit uns redete und uns den Sinn der Schrift erschloss?

Und sie brachen noch in derselben Stunde auf und kehrten nach Jerusalem zurück. Dort fanden sie die Elf und die anderen Jünger versammelt. Diese sagten: Der Herr ist wahrhaft auferstanden und ist dem Simon erschienen. Da erzählten auch sie, was sie unterwegs erlebt und wie sie ihn erkannt hatten, als er das Brot brach.«

Welch erzählerische Tiefe und zugleich welche Einfachheit liegen allein schon in dem Satz: »Bleibe bei uns; denn es wird Abend, und der Tag hat sich schon geneigt.« Und so einfach und tief ist die ganze Erzählung.

Trotzdem stellt uns dieser Text vor ein schwerwiegendes Problem. Ich denke jetzt nicht einmal an die Schwierigkeit, dass Christus hier wie ein homerischer Gott auf Erden erscheint, die Gestalt eines Fremden annimmt, sich erst nach einiger Zeit zu erkennen gibt und dann wiederum wie ein Gott der griechischen Sage den irdischen Augen entschwindet.

Mit diesem Problem kann man noch relativ leicht fertig werden. Wir wissen heute besser als frühere Generationen, dass die Erzählungen der Bibel meist eine lange Traditionsgeschichte hinter sich haben, dass sie dabei bearbeitet, theologisch ausgestaltet und nach dem Muster bereits vorliegender Erzählgattungen stilisiert wurden. Dass in die Erzählung von den Emmausjüngern Elemente alttestamentlicher und griechischer Epiphaniegeschichten mit eingeflossen sind, ist keine Frage. Aber wie gesagt, hier liegen heute nicht mehr unsere eigentlichen Schwierigkeiten. Wir dürfen davon ausgehen, dass der Emmauserzählung trotz aller zeitgenössischen Stilisierung eine wirkliche Begegnung mit dem Auferstandenen zugrunde liegt. Zwei Menschen haben den auferstandenen Christus erfahren – so tief und so real erfahren, dass ihr Herz brannte und sie sofort nach Jerusalem zu ihren Freunden zurückkehrten.

Nicht mehr wiederholbare Erfahrungen?

Das eigentliche Problem dieser und aller übrigen Ostergeschichten liegt anderswo. Es besteht darin, dass wir solche Erfahrungen heute anscheinend nicht mehr machen. Sagen wir es ganz deutlich: *Es gibt keine Ostererscheinungen mehr.* Keinem von uns hat sich der Auferstandene je gezeigt. Die Erfahrungen, die hinter den Ostergeschichten der Evangelien stehen, scheinen unwiederholbar. Hier liegt das wahre Problem aller Ostererzählungen. Denn wenn uns die Erfahrungen, die hinter einer Erzählung stehen, nicht mehr zugänglich sind, wenn sie von unserer eigenen Erfahrung nicht mehr gedeckt und nicht mehr erreicht werden können, dann ist eine solche Erzählung tot. Und dann kann sie auch durch die beste Exegese nicht mehr zum Leben erweckt werden. Dann hat eine Erzählung wie die von den Emmausjüngern im Grunde nichts mehr mit uns und unserem Leben zu tun.

Allerdings müssen wir uns nun sehr ernsthaft und sehr genau fragen: Gibt es die Erfahrungen, die hinter den Ostergeschichten der Evangelien stehen, für den modernen Menschen wirklich nicht mehr? Ist es so sicher, dass wir solche Erfahrungen nicht mehr machen?

Festgehalten wie die Daten eines Experiments

Als der französische Mathematiker und Naturwissenschaftler Blaise Pascal gestorben war, fand man eingenäht in eines seiner Kleidungsstücke ein sehr sorgfältig beschriebenes Stück Papier, das ihm offensichtlich sehr viel bedeutet und das er stets bei sich getragen hatte. Dieses Mémorial, wie man es genannt hat, hält die Erfahrung eines ganz bestimmten Tages und einer ganz bestimmten Stunde im Leben Pascals fest. Es lautet:

»Das Jahr der Gnade 1654. Montag, 23. November, Tag des heiligen Clemens, Papstes und Märtyrers, und anderer im Martyrologium, Vigil des heiligen Chrysogonus, Märtyrers, und anderer, von ungefähr zehn und einhalb Uhr am Abend bis ungefähr eine halbe Stunde nach Mitternacht: Feuer. ,Gott Abrahams, Gott Isaaks, Gott Jakobs', nicht der Philosophen und Gelehrten. Gewissheit. Gewissheit. Empfindung. Freude. Friede. Gott Jesu Christi. Deum meum et deum vestrum. ,Dein Gott soll mein Gott sein.' Vergessen der Welt und aller Dinge, ausgenommen Gott. Er wird nur auf den Wegen gefunden, die im Evangelium gelehrt sind. Größe der menschlichen Seele. ‚Gerechter Vater, die Welt hat dich nicht erkannt, aber ich habe dich erkannt.‘ Freude, Freude, Freude, Tränen der Freude. Ich habe mich von ihm getrennt: Dereliquerunt me fontem aquae vivae. ‚Mein Gott, wirst du mich verlassen?‘ Möge ich nicht ewig von ihm getrennt werden. ‚Dies ist das ewige Leben, dass sie dich erkennen, den einzigen, wahren Gott, und den Du gesandt hast, Jesus Christus.‘ Jesus Christus. Ich habe mich von ihm getrennt; ich bin vor ihm geflohen; ich habe ihn verleugnet, gekreuzigt. Möge ich nie von ihm getrennt sein. Er wird nur auf den Wegen bewahrt, die im Evangelium gelehrt sind: vollkommene, innige Entsagung. Vollkommene Unterwerfung unter Jesus Christus und unter meinen geistlichen Führer. Ewig in der Freude für einen Tag der Plage auf Erden. Non obliviscar sermones tuos. Amen.«

Dieses Mémorial berichtet von einer wirklichen Erfahrung. Sie wird genau datiert. Der Naturwissenschaftler Pascal hat sie fast wie die Daten eines Experimentes festgehalten. Die Erfahrung, die er gemacht hat, lässt sich mit der Erfahrung der Emmausjünger vergleichen. Es handelt sich nicht um theologische Einsichten, die man jeden Tag haben kann, sondern um die erschütternde und alles verändernde Erfahrung einer ganz bestimmten Stunde, die man nie mehr vergisst. Es handelt sich aber auch nicht um eine allgemein menschliche Erfahrung, die jeder religiöse Mensch machen kann, sondern um eine spezifisch *christliche* Erfahrung, die ihre Vorgeschichte hat: nämlich die Glaubensgeschichte vieler Generationen. Pascal ist in einer ganz bestimmten Stunde Christus begegnet und in Christus dem Gott Abrahams, Isaaks und Jakobs. Diese Begegnung bewirkte tiefste Freude und zugleich Frieden. Zugleich war es eine *kirchliche* Erfahrung. Denn es ist natürlich kein Zufall, dass Pascal die Tagesheiligen ausdrücklich nennt.

Wir haben nicht das Recht, die Worte »Freude, Freude, Freude, Tränen der Freude« in irgendeiner Weise aufzulösen. In dieser Freude findet Pascal den Frieden. Einen Frieden, der das Leben neu ordnet, der es auf eine andere Ebene stellt, der es ganz klar und eindeutig macht. Pascal weiß plötzlich, dass er bisher von Christus getrennt war, obwohl er doch schon vorher geglaubt hatte. Er weiß, dass er Christus und in ihm Gott erst jetzt wirklich gefunden hat. Und in all dem tiefste Gewissheit. Pascal wiederholt dieses Wort zweimal.

Tiefer Friede und letzte Gewissheit

Verlassen wir an dieser Stelle das Mémorial Pascals und stellen wir die letzte und entscheidende Frage: Gibt es für uns ähnliche Erfahrungen, wie sie Pascal an jenem Abend gemacht hat? Oder ist das alles eben doch singulär, absolute Ausnahme, nur bestimmten Menschen vorbehalten?

So wie es Pascal erlebt hat, ist es sicher unwiederholbar. Erfahrungen, die derart in die Geschichte eines ganz bestimmten Menschen eingebunden sind, können nie in der gleichen Weise wiederkehren. Das ist übrigens auch der Grund, warum sich die Ostererfahrungen der ersten Zeugen nicht mehr wiederholen. Sie setzen eine ganz bestimmte geschichtliche Situation voraus, die nicht mehr die unsere ist.

Und doch gibt es in den Ostererscheinungen, in der Erfahrung Pascals und in den Erfahrungen vieler Christen etwas Gemeinsames, das sich stets von neuem wiederholen kann: die Erfahrung, dass man plötzlich vor dem Gott Jesu Christi steht und ihm nicht mehr ausweichen kann; die Erfahrung, dass einem das Herz brennt; die Erfahrung einer Freude, die so tief ist, dass alle anderen Freuden dieser Welt verblassen; die Erfahrung tiefen Friedens und letzter Gewissheit. All diese Erfahrungen können sehr unterschiedlich sein. Sie können uns überwältigen, sie können sich aber auch so leise im Herzen melden, dass wir sie übersehen. In irgendeiner Form jedoch kann jeder Christ sie machen. Man macht sie vor allem dann, wenn man bereit ist, Jesus nachzufolgen und sich von ihm führen zu lassen. Man macht sie dann, wenn man nur noch den Willen Gottes tun will und sonst nichts mehr. Man macht sie dann, wenn man mit seiner ganzen Existenz für die anderen Menschen da sein will.

Wer Erfahrungen dieser Art einmal gemacht hat, kommt von ihnen nicht mehr los. Man kann sie zuschütten, man kann sie verdrängen, aber dann melden sie sich eines Tages von neuem. Man kann sie bei sich selbst in Frage stellen, und man kann sich sehr wohl darüber im klaren sein, dass es im Raum dieser Erfahrungen keine Stelle gibt, die nicht mit den Mitteln der Psychologie sezierbar und hinterfragbar wäre. Und trotzdem weiß man, dass keine Psychologie die Erfahrung der Freude, der Gewissheit und der Sinnhaftigkeit, die man in der verborgenen Begegnung mit Jesus und mit Gott gemacht hat, je hinreichend erklären kann. Sowenig ein Kunstwerk auf der Ebene einer rein verobjektivierenden Analyse *adäquat* verstanden werden kann, so wenig lassen sich religiöse Erfahrungen mit den Mitteln der Psychologie *adäquat* verstehen.

Um es noch einmal ganz deutlich zu sagen: Es soll nicht behauptet werden, dass solche Erfahrungen, wie ich sie hier zu beschreiben suchte, mit den Ostererfahrungen der ersten Zeugen sachlich einfach identisch wären. Aber wer die beschriebenen Erfahrungen je gemacht hat, wird glauben können, dass damals, vor fast zweitausend Jahren, zwei Jünger auf einem ganz bestimmten Weg und zu einer ganz bestimmten Stunde erfuhren: Jesus lebt; er ist bei uns; er macht, dass unser Herz brennt; er schenkt uns seinen österlichen Frieden. Und er wird auch glauben, dass einmal die eine Stunde kommt, für die sämtliche Ostererfahrungen dieser Welt nur Vorspiel sind: die Stunde der letzten und endgültigen Begegnung, die Stunde der alles überströmenden Freude, in der wir endgültig erkennen und in der uns Jesus nicht mehr entschwindet. Dann wird es nie mehr Abend werden, und kein Tag wird sich dann mehr neigen. Die Freude des Mahls hat kein Ende.

TEIL 2
WO ENDETE
DIE HIMMELFAHRT JESU?

Entrückungserzählungen in der Antike

Der römische Historiker Titus Livius erzählt in seinem großen Geschichtswerk das Lebensende des Romulus, des ersten Königs der Stadt Rom, in der Form einer Entrückungserzählung:

»Romulus hielt eines Tages vor den Mauern der Stadt eine Volksversammlung ab. Da brach plötzlich ein Unwetter los, das den König mit einer dichten Wolke umhüllte. Als sich die Wolke verzogen hatte, war Romulus nicht mehr auf Erden. Er war in den Himmel aufgefahren. Das Volk stand zunächst ratlos, aber dann machten einige den Anfang, und schließlich huldigten alle Romulus als dem nun in den Himmel entrückten Schutzherrn der Stadt Rom.«

Ähnliche Entrückungsgeschichten wurden in der Antike auch von anderen berühmten Männern erzählt, zum Beispiel von Herakles, von Empedokles oder von Alexander dem Großen. Eine Entrückung vergleichbarer Art gibt es auch im Alten Testament, nämlich die Himmelfahrt des Elija am Ende seines Lebens. Sie wird in 2 Könige 2,1-18 erzählt. Eine Entrückung des Henoch wird zwar nicht erzählt, aber vorausgesetzt (Gen 5,24). Im Judentum erzählte man sich darüber hinaus noch Entrückungen des Mose und des Esra.

Charakteristisch für all diese Entrückungen ist jeweils eine Szenerie von Zuschauern oder Zeugen, vor deren Augen der Betreffende entschwindet. Oft wird er von einer Wolke eingehüllt und nach oben getragen; nicht selten geschieht das Ganze auf einem Berg oder einem Hügel; fast immer werden vor der Entrückung wichtige Aufträge erteilt und letzte Abschiedsworte gesprochen. Entsprechend wird auch die Himmelfahrt Jesu geschildert, zunächst in Lukas 24,50-53:

»Dann führte Jesus seine Jünger hinaus bis nach Betanien. Dort erhob er seine Hände und segnete sie. Und während er sie segnete, schied er von ihnen und wurde in den Himmel emporgehoben. Sie aber fielen vor ihm nieder. Dann kehrten sie in großer Freude nach Jerusalem zurück. Und sie waren immer im Tempel und priesen Gott.«

Denselben Vorgang erzählt Lukas noch einmal am Anfang des 2. Buches seines Doppelwerks, in Apostelgeschichte 1,9-11. Nun allerdings in starker Variation und mit anderen Motiven angereichert: »Als er das gesagt hatte, wurde er vor ihren Augen emporgehoben, und eine Wolke nahm ihn auf und entzog ihn ihren Blicken. Während sie unverwandt emporschauten, wie er zum Himmel fuhr, standen plötzlich zwei Männer in weißen Gewändern bei ihnen und sagten: Ihr Männer von Galiläa, was steht ihr da und schaut zum Himmel empor? Dieser Jesus, der von euch ging und in den Himmel aufgenommen wurde, wird ebenso wiederkommen, wie ihr ihn habt zum Himmel auffahren sehen.«

Ich denke, es ist nicht notwendig, noch im einzelnen zu zeigen, dass die beiden Himmelfahrtserzählungen des Lukas bis ins Detail mit dem Typ der antiken Entrückungserzählungen übereinstimmen. Es gibt keinen Zweifel: Dort, wo im Neuen Testament der Weggang Jesu zu Gott als konkreter, anschaulicher Vorgang geschildert wird, geschieht das in der Form einer Entrückungsgeschichte – einer Erzählform, die in der Antike üblich und geläufig war und die als Erzählmuster einfach zur Verfügung stand, wenn das Lebensende eines großen Menschen geschildert werden sollte.

Vor hundert Jahren verloren Theologen, die auf derartige religionsgeschichtliche Zusammenhänge hinwiesen, noch ihren Lehrstuhl. Für uns heute hat hingegen die Erkenntnis, dass in einer biblischen Erzählung vorgegebene Formen und Erzählmuster verarbeitet wurden, jeden Schrecken verloren. Wir empfinden die Erkenntnis eher als Hilfe. Denn damit ist endgültig klar, dass solche Erzählungen in Chiffren und Symbolen Wirklichkeit aussagen, die anders nur schwer ausgesagt werden kann.

Himmelfahrt: endgültiges Ankommen bei Gott

Fast alle Entrückungserzählungen der Antike sind mit Abschiedsszenen verbunden: Der Scheidende spricht letzte Worte zu seinen Freunden, er verabschiedet sich, er segnet die Zurückbleibenden, er wird von ihnen fortgenommen. Das ist auch in den beiden Himmelfahrtserzählungen des Lukas so. Lukas will die Kontinuität zwischen der Zeit Jesu und der Zeit der Kirche herausarbeiten. Träger dieser Kontinuität sind vor allem die Apostel. Deshalb sind sie Zeugen seiner Himmelfahrt. Worum es Lukas in diesen beiden Texten letztlich geht, ist aber nicht die Darstellung historischer Vorgänge in Raum und Zeit, sondern die Darstellung eines Geschehens, das gerade die Transzendierung von Raum und Zeit bedeutet: der Weg des Menschen in den letzten Sinn aller Geschichte, der Weg des Menschen zu Gott. Lukas will zeigen: Der Weg, den Jesus zurückgelegt hat, endet nicht in der Verlorenheit, sondern in einem alles erfüllenden Sinn. Er endet nicht im Dunkel dieser Welt, sondern zur Rechten Gottes. Er endet nicht im absoluten Nichts, sondern am Herzen dessen, den Jesus seinen Vater genannt hatte.

Insofern gibt es im Neuen Testament keinen wirklichen Unterschied zwischen Auferstehung und Himmelfahrt. Beide Aussagen wollen mit je verschiedenen Bildern und innerhalb eines je verschiedenen Vorstellungshorizontes ausdrücken, dass Jesus nicht im Tode geblieben ist, sondern gerade in seinem Tod den letzten Sinn aller Geschichte, nämlich Gott, erreicht hat.

Erst hier, an dieser Stelle, hat heute unser Fragen einzusetzen. Nämlich vor allem die eine Frage: Ist das alles denn überhaupt wahr? War der Tod Jesu tatsächlich ein Weg vom Dunkel dieser Welt in das ewige Licht Gottes? Fand er wirklich den Vater, an den er geglaubt und den er verkündet hatte? Oder fand er, bildlich gesprochen, als ihm im Tod die Augen aufgingen, nur das kalte, sinnlose Nichts?

»Rede des toten Christus vom Weltgebäude herab«

Genau um diese Frage geht es in einem Text von Jean Paul, dem großen, fast vergessenen deutschen Dichter. Der Text, den ich meine, wurde im Jahre 1795 niedergeschrieben. Er trägt den Titel: »Rede des toten Christus vom Weltgebäude herab, dass kein Gott sei.« Er ist, betrachtet man den Text genau, geradezu ein Gegenstück zur biblischen Himmelfahrtsgeschichte.

Bereits der Titel deutet Ungewöhnliches und Erschreckendes an. Ungewöhnlich und erschreckend ist dann auch der ganze Text. Jean Paul schildert einen Traum. Er sieht in diesem Traum, wie sich der Nachthimmel auftut und den Blick in ein unendliches Weltall freigibt. Er sieht, wie das Äußerste und das Innerste der Welt bloßgelegt wird, wie die Gräber auseinanderklaffen und die Toten der Auferstehung entgegen zittern. Dann erscheint der tote Christus am Himmel, eine unendlich edle Gestalt, erschüttert von namenlosem Schmerz. Wie er erscheint, rufen ihm die Toten der Erde voll schrecklicher Ahnung entgegen: Christus, sag uns, ist kein Gott? Er muss ihnen antworten: Es ist keiner! Und dann berichtet Christus den Toten in den Gräbern, was mit ihm im Augenblick seines eigenes Todes geschah:

»Ich ging durch die Welten, ich stieg in die Sonnen und flog mit den Milchstraßen durch die Wüsten des Himmels; aber es ist kein Gott. Ich stieg herab, so weit das Sein seine Schatten wirft, und schauete in den Abgrund und rief: Vater, wo bist du? Aber ich hörte nur den ewigen Sturm, den niemand regiert, und der schimmernde Regenbogen ... stand ohne eine Sonne, die ihn schuf, über dem Abgrunde und tropfte hinunter.«

Dann kommt die entsetzlichste Stelle des ganzen Textes. Christus berichtet, wie er in dem unermesslichen Raum die Augen des Vaters suchte und sie nicht fand. Nur der unendliche Kosmos starrte ihn »mit einer leeren bodenlosen Augenhöhle an; und die Ewigkeit lag auf dem Chaos und zernagte es und wiederkäuete sich.«

Die »Rede des toten Christus vom Weltgebäude herab, dass kein Gott sei« ist sprachlich einer der großen Texte der deutschen Literatur – und wohl auch einer der furchtbarsten. Jean Paul hat hier nicht nur viele der geheimen Ängste und Einsamkeiten des modernen Menschen vorausgeahnt, er hat auch die Versuchung in Worte gefasst, die jeden Christen irgendwann einmal befällt – die Versuchung, die da lautet: Wie, wenn es nach dem Tode doch aus wäre? Wie, wenn dann doch das Nichts käme, die tiefe Nacht, der ewige Schlaf ohne Ende und ohne Erwachen? Wie, wenn alles Hoffen und aller Glaube vergebens gewesen wären? Wie, wenn unsere Todesstunde nicht in einem letzten Sinn, sondern in einer ewigen Frage, in letztem und absolutem Unsinn enden würde?

Die entscheidende Frage für uns heute

Ich meine, erst damit sind an die Himmelfahrtserzählungen der Bibel die eigentlichen und entscheidenden Fragen gestellt. Wer sich gegenüber diesen Erzählungen heute immer noch mit Fragen wie: *Hat sich das auch im Einzelnen so ereignet?* herumschlägt, hat noch gar nicht begriffen, um was es geht. Es geht um die Frage: Hat unser Leben ein letztes Ziel oder nicht? Hat es einen letzten, alles tragenden Sinn oder nicht? Die Beantwortung dieser Frage kann uns keiner abnehmen. Wir müssen uns selber entscheiden: zwischen der Vision, wie sie Jean Paul probeweise entwirft, und dem Bild, wie es Lukas zeichnet, zwischen einem letzten Ziel und einer letzten Ziellosigkeit aller Geschichte, zwischen einem letzten Sinn und einem letzten Unsinn. Vor diese Entscheidung stellt uns das Fest Christi Himmelfahrt, vor diese Entscheidung stellt uns Ostern, vor diese Entscheidung stellt uns unser ganzes Leben.

TEIL 3
WAS KOMMT
NACH DEM TOD?

Die Unumgänglichkeit dieser Frage

Was kommt nach dem Tod? Ist das eine sinnvolle Fragestellung? Dürfen wir überhaupt so fragen? Sind wir berechtigt, über Dinge zu reden, die unser Leben übersteigen? Hilft uns der Ausblick ins Jenseits wirklich? Werden wir bessere Menschen, wenn wir uns über ein ewiges Leben Gedanken machen? Werden wir dadurch ehrlicher, gerechter, weiser und menschlicher? Sollten wir nicht besser alle Kräfte darauf richten, unser Dasein in *dieser* Welt so gut wie möglich zu verwirklichen? Sollten wir nicht alles tun, das Leben, das uns *jetzt* aufgegeben ist, so anständig und so menschlich wie möglich zu führen, und sollten wir nicht über alles Übrige schweigen? Ist es nicht besser, das Geheimnis des Lebens, seine Dunkelheiten und seine Rätsel, schweigend auf sich zu nehmen, in Geduld, Tapferkeit und wortlosem Vertrauen, und alles Jenseitige als Geheimnis stehenzulassen, über das uns kein Wissen zukommt?

Ich sprach einmal mit einem älteren Seelsorger, der in seinem Bistum geachtet und angesehen ist, der seine Pfarrei vorbildlich geleitet, der seiner Gemeinde jeden Sonntag das Evangelium in verantwortlicher Weise ausgelegt hat und dem man, weiß Gott, nicht vorwerfen kann, er rede leichtfertig und bedenkenlos daher. Es hat mich sehr nachdenklich gemacht, als dieser Mann im Verlaufe unseres Gesprächs sagte:

»Wissen Sie, wir Theologen reden nach wie vor zu schnell vom Leben nach dem Tod, vom Jenseits, von der Auferstehung. Das alles fließt uns noch immer viel zu leicht über die Lippen. Ich habe in meiner Gemeinde sehr viele Menschen kennengelernt, besonders einfache und kleine Leute, besonders die Alten und Kranken. Ich muss einfach sagen: Was nach dem Tode kommt, war nicht das Problem dieser Leute. Ihre eigentliche Sorge war: Sind meine Kinder auch glücklich? Habe ich genug für sie getan? Was wird mit meinen Angehörigen? Wie kommt mein Mann oder wie kommt meine Frau zurecht, wenn ich einmal nicht mehr da bin? Oder: falle ich mit meiner Krankheit den anderen auch nicht zur Last? – Das waren ihre Fragen. Ich habe so viele Menschen kennengelernt«, sagte dieser alte Seelsorger zu mir, »die nie vom Jenseits sprachen und die nie nach einem ewigen Leben fragten, die es aber gelernt hatten, ihr Leben still anzunehmen, und die es dann schließlich in Geduld und Tapferkeit zu Ende geführt haben. Und ist nicht genau dies das eigentlich Christliche? Kann man überhaupt mehr erreichen? Sollen wir solchen Menschen dann noch vom Jenseits reden?«

Mich haben diese Worte sehr nachdenklich gemacht – gerade weil sie ein Pfarrer sagte, der ein vorbildlicher Seelsorger war und von dem ich weiß, dass er nie ein

Stück der christlichen Botschaft unterschlagen hat. Und doch konnte ich dem Gesagten in dieser Form nicht zustimmen. Natürlich stimmt es, dass viele Menschen nicht nur für sich selbst leben, sondern auch für die anderen, dass sie ihr Leben in Geduld und Tapferkeit angenommen haben, dass sie dabei kaum oder überhaupt nicht nach dem Jenseits fragen – und dass sie dabei doch im Grunde ein christliches Leben führen, weil sie ja sagen zu diesem Leben, zu seinem Sinn und zu seinem Geheimnis. Das alles stimmt.

Aber ich meine, dieses schweigende und namenlose Christsein kann noch nicht das Letzte sein. So menschlich es ist, das Unerforschliche schweigend anzunehmen – der Mensch ist zugleich auch immer ein Fragender, und zwar einer, der nach dem Ganzen fragt und der nie mit seinen Fragen aufhört. Dass er ein Fragender ist, unterscheidet ihn gerade vom Tier, und wenn er nur schweigt und sich bescheidet und seine Fragen nicht immer wieder neu hinausschreit in der Hoffnung auf Antwort, dann verwirklicht er noch nicht sein ganzes Menschsein.

Ich meine deshalb, wir dürfen und müssen fragen: Was geschieht mit uns im Tod? Was geschieht mit unserem Leben, mit unserem Ich, mit unserem Bewusstsein, mit unserem Dasein, wenn wir gestorben sind? Ist es dann aus mit uns? Kommt dann die große Nacht, der ewige Schlaf, das Nichts? Sind wir dann für immer ausgelöscht – oder kommt dann erst das eigentliche, das wahre Leben, das, was wir Christen mit einem so abgegriffenen und doch nicht ersetzbaren Wort als die »ewige Seligkeit« bezeichnen? Was kommt nach dem Tod? Wir haben das Recht und die Pflicht, so zu fragen.

Keine Antwort außerhalb des Glaubens

Aber selbst wenn es feststeht, dass wir so fragen dürfen – gibt es auf dieses Fragen eine Antwort? Wenn wir über die *theologische* Seite des Todes reden, über das, was an uns im Tod und jenseits des Todes geschieht, dann reden wir ja über eine Sache, die noch niemand von uns erfahren hat, und über einen Weg, den noch niemand von uns gegangen ist. Kann es auf solches Fragen eine Antwort geben?

Mit Sicherheit keine Antwort außerhalb des Glaubens. Was nach dem Tode mit uns geschieht, können wir nur im Glauben wissen, und darüber lässt sich nur vom Glauben her sprechen. Ich möchte das von Anfang an in aller Deutlichkeit sagen. Ich schreibe hier nicht als Naturwissenschaftler, nicht als Arzt und nicht als Philosoph, erst recht nicht als eine Art »Guru«, sondern als Theologe, das heißt als einer, der das Wort Gottes auszulegen hat. Und so betone ich noch einmal: Über das, was nach dem Tod mit uns geschieht, können wir nur im Glauben wissen.

Dieses »nur im Glauben« darf nun allerdings nicht als etwas Negatives verstanden werden, als etwas, das übrigbleibt, wenn man eben nichts Genaues weiß. Denn das meint »glauben« im theologischen Sinn gerade nicht. Glauben meint personale Erkenntnis. Glauben meint, sich einem anderen ganz anvertrauen und gerade dadurch erkennen. In diesem Sinne wissen wir von allen großen Dingen des menschlichen Lebens nur, indem wir glauben und indem wir vertrauen.

Nehmen wir gleich das Größte und Wichtigste: die Erfahrung menschlicher Zuneigung und Liebe. Dass ein anderer uns von Herzen liebt, können wir nur glauben, und darauf können wir nur vertrauen. Hier helfen weder Analysen noch Experimente. Je mehr wir einen Menschen psychologisch sezieren, desto mehr entgleitet er uns. Natürlich gibt es Versicherungen und Zeichen und sogar Beweise der Liebe. Aber wie können wir wissen, ob sich hinter allen Liebesversicherungen, die uns ein anderer Mensch gibt, nicht doch eine höchst sublime Eigenliebe verbirgt? Dass ein anderer uns wahrhaft liebt, können wir nur glauben. Erst indem wir an die Liebe des anderen glauben, ihr mit unserer eigenen

Liebe entgegenkommen und dabei das Wagnis eingehen, am Ende als die Dummen oder als die Betrogenen dazustehen, erfahren wir wirklich und endgültig, dass wir geliebt werden.

So verhält es sich, wie gesagt, mit allen großen Dingen des menschlichen Lebens, und so verhält es sich deshalb auch mit unserem Wissen von dem, was uns im Tod begegnen wird. Auch hier müssen wir glauben und vertrauen. Wir müssen daran glauben, dass in unserem Tod das Ziel und das Geheimnis unseres Lebens verborgen sind, ja, dass sich uns im Tod ein unendlicher Horizont öffnen wird, weil wir nicht in das Nichts, sondern in Gott hinein sterben werden: Wir werden dann *Gott* begegnen. Aber damit sind wir nun schon mitten in unserem Thema. Dieses Thema hieß: Was kommt nach dem Tod? Eine erste Antwort lautet: *In unserem Tod werden wir Gott endgültig und für immer begegnen.*

Endgültige Begegnung mit Gott

Entscheidend ist hier das Wort »endgültig«. Denn wir begegnen Gott ja schon in unserem irdischen Leben auf vielerlei Weise. Wir begegnen ihm im Glück und in der Not unseres Betens; wir begegnen ihm in unseren Gottesdiensten, in denen wir versuchen, zu ihm aufzublicken und ihm dankzusagen; wir begegnen ihm in jedem

Dienst, den wir anderen erweisen und in jedem guten Gespräch, das wir mit anderen Menschen führen.

Aber in all diesen Begegnungen ist uns Gott verborgen. Er scheint zu schweigen; ja, er scheint sich uns ständig zu entziehen. Wir können ihn niemals festhalten, wir können nie sagen: Jetzt habe ich ihn erkannt. Immer wieder sind wir aufs Neue unterwegs zu ihm, immer wieder müssen wir neu mit ihm anfangen. Wir begegnen Gott auf vielerlei Weise, aber wir kommen mit ihm an kein Ende.

Im Tode aber werden wir Gott endgültig begegnen, dem Gott unserer Gebete, dem Gott unserer Sehnsucht, unserer Hoffnung und unseres Glaubens. Wenn wir vom Himmel sprechen, so sind damit nicht irgendwelche Dinge gemeint, die auf uns warten. Dinge gibt es nur in dieser irdischen Welt. Himmel – das ist nichts anderes als die Begegnung mit Gott selbst. Gott selbst wird dann vor uns aufleuchten, und wie das sein wird, kann kein Mensch beschreiben. Wir können höchstens an Stunden in unserem Leben denken, wo es auf einmal über uns kam, wo es uns wie Schuppen von den Augen fiel, wo wir auf einmal begriffen, wo wir plötzlich voller Erschütterung Zusammenhänge erkannten, von denen wir vorher nichts geahnt hatten.

Aber auch solche Vergleiche sind im Grunde nur hilflose Versuche, die vor der Erschütterung der wirklichen Begegnung mit Gott versagen müssen. In unserem Tod werden wir Gott endgültig begegnen. Wir werden dann begreifen, wie unendlich nahe er uns schon immer gewesen ist – auch in den Stunden, in denen wir dachten, er sei weit von uns weg. Wir werden dann erkennen, wie groß und wie heilig Gott ist, unermesslich größer und heiliger als das Bild, das wir uns von ihm gemacht hatten. Gott wird so groß und heilig vor uns aufstrahlen, dass er von da an unser ganzes Denken und unser ganzes Sein ausfüllen wird – endgültig und für immer.

Von hier aus gesehen, scheint mir der Begriff »ewige Ruhe«, den wir Christen so gern für das Leben bei Gott verwenden, kein guter und kein glücklicher Begriff zu sein. Die Begegnung mit Gott ist keine ewige Ruhe, sondern ungeheures, atemberaubendes Leben, ein Strom von Glück, der uns hinwegreißt, aber nicht irgendwohin, sondern immer tiefer in die Liebe und in die Seligkeit Gottes hinein. In unserem Tod werden wir Gott endgültig und für immer begegnen. Ich komme zu einer zweiten Aussage: *Diese Begegnung wird uns zum Gericht.*

Begegnung, die zum Gericht wird

Jeder von uns hat wohl schon Ähnliches erfahren: Man begegnet einem Menschen, der ganz lauter ist – und dann sieht man sich selbst plötzlich mit anderen Augen an. Man erkennt mit einem Mal, wie eng und egoistisch man bis in den Grund seines Herzens eingestellt war, welch traurige Wege man gegangen ist und wie sehr man sein Leben ändern müsste. Gerade wenn ein großer, gütiger Mensch Vertrauen zu uns fasst und uns liebgewinnt, durchfährt uns – bei aller Freude – ein tiefes Erschrecken; ein Erschrecken darüber, wie wenig wir das Vertrauen und die Liebe des anderen verdienen.

Erfahrungen dieser Art sind unabdingbar, wenn wir begreifen wollen, warum uns die Begegnung mit Gott zum Gericht wird. Wenn wir ihm in unserem Tod begegnen, werden wir zum ersten Mal erkennen, wer wir in Wahrheit sind. Gott braucht nicht über uns zu Gericht zu sitzen, er braucht nicht auf uns einzureden, wie menschliche Richter auf den Angeklagten einreden, er braucht uns nicht zu sagen:

In den und den Punkten hast du erbärmlich versagt, das und das muss ich dir ankreiden, da und da liegt deine Schuld, ich muss dich verurteilen. Nein, ein Gericht in diesem Sinn wird es bei Gott nicht geben.

Es wird alles ganz anders sein: Gerade indem wir in der endgültigen Begegnung mit Gott das ganze Ausmaß der Güte und Liebe erfahren, mit der Gott uns zeitlebens geliebt hat, werden uns die Augen über uns selbst aufgehen. Wir werden in einem furchtbaren Erschrecken unsere Selbstgerechtigkeit, unsere Herzenshärte, unsere Herzlosigkeiten und all unseren Egoismus erkennen. Alle Selbsttäuschungen und Illusionen, die wir unser Leben lang in uns aufgebaut haben, werden mit einem Schlag zusammenbrechen. Alle Masken, hinter denen wir uns versteckt haben, werden fallen. Alle Rollen, die wir uns selbst und den anderen vorgespielt haben, müssen wir dann aufgeben.

Das wird unendlich schmerzhaft sein und uns durchfahren wie ein Feuer. Wir werden, wenn Gott vor uns aufleuchtet, mit einem Mal begreifen, was wir hätten sein können und was wir in Wirklichkeit waren. Das und nichts anderes ist das Gericht. Und das ist dann auch unser »Fegefeuer«. Das Wort »Fegefeuer« ist zwar ein schlechtes und missverständliches Wort, das ich nur höchst ungern in den Mund nehme. Es ist vorbelastet. Es klärt die Dinge nicht, sondern macht sie eher noch schwieriger. Aber das, was dieses Wort eigentlich sagen will, ist eine Realität, die auch von der modernen Theologie ganz ernst genommen wird: Dass uns nämlich in der Begegnung mit dem heiligen Gott die Augen über uns selbst aufgehen, dass die Erkenntnis, was wir in Wahrheit sind, für uns unendlich schmerzhaft ist, dass uns aber gerade dieser Schmerz läutert und uns überhaupt erst dazu fähig macht, Gott zu begegnen.

Das alles aber nicht als ein Vorgang, der uns als zeitliche Strafe oder als Zustand auferlegt wird, sondern als ein Geschehen, das sich unmittelbar in der Begegnung mit Gott ereignet, ja das diese Begegnung überhaupt erst ermöglicht. Am besten sagen wir einfach: Die Begegnung mit Gott in unserem Tod wird uns zum Gericht – zum Gericht, das uns wie Feuer durchfährt.

Begegnung mit dem sich erbarmenden Gott

Freilich wäre das alles einseitig, wenn ich nun nicht sofort eine dritte Aussage hinzufügen würde: *In dieser Begegnung erfahren wir Gott nicht nur als unseren Richter, sondern wir erfahren zugleich und auf immer das Erbarmen und die Liebe Gottes.*
Ich möchte auch für diesen dritten Punkt ein wenig weiter ausholen. Eine der klarsten und eindringlichsten Forderungen Jesu geht dahin, dass wir allezeit verzeihen müssen. Nicht nur siebenmal, sondern siebenundsiebzigmal. Das heißt aber: immer! Und wir sollen nicht nur denen verzeihen, die uns lieben und die gut zu uns sind, sondern erst recht denen, die uns hassen. Gott fordert

also von uns eine grenzenlose Bereitschaft zum Verzeihen, eine Vergebungsbereitschaft ohne Maß und ohne Vorbedingungen. Das bedeutet aber doch, dass Gott genauso verzeiht. Sonst würde er ja von uns etwas fordern, was er selbst nicht verwirklicht. Das kann nicht sein. Er verzeiht immer und ohne Ausnahme. Er verzeiht ohne Bedingungen. Seine Barmherzigkeit kennt kein Maß. Wie hätte Jesus sonst sagen können, wir sollten barmherzig sein, wie unser Vater im Himmel barmherzig ist.

Wir dürfen also darauf vertrauen, dass wir im Tod einem gütigen und barmherzigen Gott begegnen werden. Die Güte Gottes begleitet nicht nur unser Leben, sie wird sich erst recht an uns offenbaren, wenn wir Gott endgültig begegnen werden, wenn uns die Augen aufgehen und wir unsere eigene Unbarmherzigkeit und Härte erkennen müssen. Gerade dann wird uns Gott begegnen wie der barmherzige Vater im Gleichnis. Er wird nicht nach Schuld und nicht nach Gerechtigkeit fragen, sondern uns in unendlicher Freude an sich ziehen. Das wird die eigentlich Erfahrung unseres Todes sein: die Liebe, die Güte und die Barmherzigkeit Gottes.

Die Barmherzigkeit Gottes könnte einen Menschen nur dann *nicht* erreichen, wenn er sie mit seiner ganzen Existenz ablehnte. Wenn er mit klarem Wissen, in voller Freiheit und mit der Grundentscheidung seines gesamten

Lebens sagen würde: »Ich will nicht Gott und ich will nicht meine Mitmenschen, ich will nicht die Wahrheit, ich will nicht das Gute und ich will auch keine Barmherzigkeit – ich will *nur mich selbst* als das absolute Maß aller Dinge.« Wenn das die Summe eines ganzen Lebens wäre, entsprungen aus umfassender Freiheit, dann müsste Gott diese Freiheit respektieren. Dann hätte dieser Mensch nur noch sich selbst – und das wäre die Hölle. Wir können nur hoffen und beten, dass es bei keinem Menschen eine solch absolut nur sich selbst wollende Freiheitsentscheidung gibt.

Ich hatte gesagt: Dass in unserem Tod das Ziel und das Geheimnis unseres Lebens verborgen liegt, können wir nur glauben. Ich füge nun noch hinzu: Auch dass Gott uns dann voll Liebe und Barmherzigkeit begegnen wird, können wir nur *glaubend* erwarten. Beweisen lässt sich da überhaupt nichts. Aber wir hatten ja gesehen: Liebe kann man niemals beweisen. Man kann an sie nur glauben. Man kann sie nur beantworten durch das Wagnis der eigenen Liebe. Wer sich auf das Wagnis einlässt, an die Liebe Gottes zu glauben, wer immer wieder die Wahrheit sucht und das Gute will, der wird am Ende nicht zu den Dummen und Betrogenen gehören. Wer an die Liebe Gottes glaubt, den wird der Tod in das unbegreifliche und nicht aussprechbare Geheimnis der Liebe Gottes hineinführen.

Tod als Trennung von Seele und Leib?

Ich habe jetzt ziemlich lange von *Gott* gesprochen – von Gott, wie er dem Menschen im Tod begegnet; von dem vor uns aufstrahlenden, richtenden und verzeihenden Gott. Es ist an der Zeit, nun noch etwas genauer auf den *Menschen* einzugehen, dem dieser Gott begegnet. Es ist wohl deutlich geworden, dass ich bisher immer von dem »Menschen«, nie aber von seiner Seele gesprochen habe. Ich habe bisher niemals formuliert: Die Seele des Menschen begegnet Gott im Tod, sondern stets: Der Mensch begegnet Gott. Das geschah sehr bewusst und in Übereinstimmung mit einer breiten Strömung innerhalb der heutigen Theologie.

In den vergangenen Jahrhunderten hat man es ja meist so formuliert: Im Tod trennt sich die Seele des Menschen vom Leib; sie gelangt zu Gott, und sie wird von Gott gerichtet. Schenkt Gott dann der Seele die ewige Seligkeit, so bleibt sie in der Anschauung Gottes, bis ihr am Jüngsten Tag bei der Auferstehung der Toten der verklärte Leib von Gott hinzugefügt wird. Diese Vorstellung hat sich bereits in den ersten Jahrhunderten der christlichen Theologie durchgesetzt, und sie ist auch heute noch bei vielen Christen verbreitet.

Man muss sich jedoch darüber im klaren sein, dass es sich hierbei um eine Hilfsvorstellung, um ein zeitgebundenes Vorstellungsmodell handelt. Dieses Vorstellungsmodell suchte damit fertig zu werden, dass das Neue Testament von der Auferweckung des ganzen Menschen am Ende der Zeit spricht, dass aber andererseits der Mensch doch auch schon unmittelbar im Tod Gott begegnen muss. Beides gehört unaufgebbar zum christlichen Glauben: die leibliche Auferweckung am Jüngsten Tag – und die Begegnung des Einzelnen schon im Tod mit Gott. An beidem wollte man festhalten, und man glaubte es nur zu können, indem man sich vorstellte, dass die *Seele* sofort nach dem Tod zu Gott gelangen werde, dass hingegen der *Leib* erst später am Ende der Welt von Gott auferweckt würde.

Heute wird dieses ganze Vorstellungsmodell von der Theologie mehr und mehr aufgegeben. Denn es macht einige Voraussetzungen, die gar nicht aus der Bibel, sondern aus der griechischen Philosophie stammen – Voraussetzungen, die der modernen Theologie immer fragwürdiger werden: Dass nämlich der Mensch schön säuberlich in Leib und Seele zerlegbar sei, dass dabei die Seele der bessere und wichtigere Teil des Menschen sei und dass die Seele auch ohne den Leib Gott begegnen könne. Aber gibt es Seele in diesem Sinn überhaupt? Darf man sich Leib und Seele wie zwei Bausteine vorstellen, die man auseinanderschieben und auch wieder zusammenbauen kann? Darf man sich vorstellen, dass der Leib am Ende der Welt der Seele, die bereits ganz bei Gott ist, sozusagen nachgeliefert wird? Doch offensichtlich nicht!

Leib und Seele sind nicht zwei Teile des Menschen, sondern zwei verschiedene Weisen einer einzigen, unteilbaren Wirklichkeit: nämlich des Menschen. Der Mensch ist Seele, und der Mensch ist Leib. Aber er ist beides in einer untrennbaren Einheit. Deshalb trifft auch der Tod den ganzen Menschen. Wer behauptet, dass der Tod nur den Leib betreffe, nimmt die Wirklichkeit des Todes nicht ernst. Es sieht dann so aus, als ob im Tod die Seele aus dem Leib, wie aus einem Gefängnis befreit, Gott entgegeneile. Nein, der Tod trifft den ganzen Menschen, seine gesamte Existenz. Wir müssen sterben, wir und alles, was unser ist.

Wer sich die Dinge anders vorstellt, muss sich fragen lassen, ob er dem furchtbaren Ernst des Todes gerecht wird. Ja, er muss sich fragen lassen, ob er nicht den Leib als etwas Überflüssiges, vielleicht sogar Negatives betrachtet. Denn wenn die Seele in der Anschauung Gottes ihre volle Seligkeit findet – auch ohne den Leib, so ist die Auferstehung des Fleisches schlicht überflüssig. Ob in dieses ganze Vorstellungsmodell nicht doch eine geheime Verachtung des Leibes eingeflossen ist?

Umgekehrt gilt: Gerade wenn man daran festhält, dass der Mensch eine Einheit ist, dass also der ganze Mensch durch den Tod hindurch muss, wird man umso leichter und umso unbeirrbarer dabei bleiben, dass im Tode auch der ganze Mensch mit Leib und Seele zu Gott gelangt. Denn wir sterben nicht in das Nichts hinein, sondern in das ewige Leben bei Gott. Der Tod trifft uns ganz, aber er stellt uns auch ganz in unsere bleibende Endgültigkeit vor Gott. Wir müssen sterben, wir und alles, was unser ist. Das gilt. Genauso gilt aber: Wir werden zu Gott gelangen, wir und alles, was unser ist. Würden wir nur sagen: Unsere Seele gelangt im Tode zu Gott, und würden wir dabei Seele als Gegensatz zu unserem Leib begreifen, dann hätten wir gar nicht daran festgehalten, dass wir mit unserem ganzen Menschsein zu Gott gelangen.

Denn der Mensch ist doch nicht nur eine abstrakte Seele. Der Mensch ist auch Leib, mehr noch, der Mensch ist eine ganze *Welt*. Zum Menschen gehören seine Freuden und seine Leiden, sein Glücklichsein und sein Traurigsein, seine guten und seine schlechten Taten, alle Werke, die er in seinem Leben vollbracht hat, alle Dinge, die er geschaffen hat, alle Vorstellungen, in denen er gelebt hat, alle Stunden, die er durchlitten hat, jede Träne, die er geweint hat, jedes Lächeln, das über sein Angesicht gegangen ist, die lange, persönliche Geschichte, die er durchlebt hat – all das ist der Mensch. Und all das ist er doch nicht nur als Seele, das ist er doch auch als Leib. Würde nicht der ganze Mensch mit Seele *und Leib* zu Gott gelangen, so könnte er auch nicht die ganze Geschichte seines Lebens vor Gott hintragen.

Die »Welt«, die zu jedem Menschen gehört

Vor einiger Zeit stieß ich auf ein Gedicht des Russen Jewgenij Alexandrowitsch Jewtuschenko, das mich sehr ergriffen hat. Es trägt den Titel »Menschen«. Der zweite Teil des Gedichts kann das, was ich sagen will, verdeutlichen. Er lautet:

(...) Jeder hat seine eigene, geheime, persönliche Welt.
Es gibt in dieser Welt den besten Augenblick,
es gibt in dieser Welt die schrecklichste Stunde;
aber dies alles ist uns verborgen.

Und wenn ein Mensch stirbt,
dann stirbt mit ihm sein erster Schnee
und sein erster Kuss und sein erster Kampf...
all das nimmt er mit sich. (...)

So ist das Gesetz des unbarmherzigen Spiels.
Nicht Menschen sterben, sondern Welten. (...)

Was wissen wir über die Freunde, die Brüder,
was wissen wir schon von unserer Liebsten?
Und über unseren eigenen Vater
wissen wir, die wir alles wissen, nichts.

Die Menschen gehen fort...
Da gibt es keine Rückkehr.
Ihre geheimen Welten können nicht wiedererstehen.
Und jedes Mal möchte ich von neuem
diese Unwiederbringlichkeit hinausschreien.

Jeder Mensch, sagt Jewtuschenko, ist eine Welt für sich,
eine eigene, unverwechselbare Welt. In jedem Menschen
leben die Erlebnisse und Erfahrungen seiner Vergangenheit. Tief in unserem Unbewussten ruht die Erfahrung
unserer ersten Liebe, die Erfahrung des ersten Schmerzes,
das Erlebnis des ersten Schnees. Und weil jeder seine
ganz eigenen Erfahrungen hat, die nur *er* machen konnte,
und die nur *ihm* gehören, darum ist jeder Mensch ein
unendlich kostbares und unbegreifliches Geheimnis. Gerade deshalb aber ist der Tod etwas Grauenhaftes. Wenn
ein Mensch stirbt, dann stirbt mit ihm sein erster Kuss
und sein erster Schnee, all sein Lieben und all sein Leiden, seine Freude und sein Schmerz. Wenn ein Mensch
stirbt, dann geht jedes Mal eine noch nie dagewesene,
einmalige, ganz persönliche Welt unter.

Ich finde, dass dieses Betroffensein von der unverwechselbaren und geheimnisvollen Welt, die zu jedem Menschen gehört, eine unbedingt notwendige Voraussetzung ist, um überhaupt begreifen zu können, was gemeint ist, wenn wir in unserem Glauben von der Auferstehung der Toten sprechen. Auferstehung heißt nämlich, dass der ganze Mensch zu Gott gelangt, der ganze Mensch mit all seinen Erfahrungen und mit seiner ganzen Vergangenheit, mit seinem ersten Kuss und mit seinem ersten Schnee, mit all den Worten, die er gesprochen, und mit all den Taten, die er getan hat. Dies alles ist unendlich mehr als eine abstrakte Seele – und deshalb ist es nicht vorstellbar, dass im Tod nur die Seele des Menschen vor Gott hintritt. Ich möchte deshalb als vierte Aussage formulieren: *Im Tod tritt der ganze Mensch mit »Leib und Seele«, das heißt mit seinem ganzen Leben, mit seiner persönlichen Welt und mit der gesamten unverwechselbaren Geschichte seines Lebens vor Gott hin.*

Begegnung aller Menschen mit Gott

Und nun müssen wir noch einen Schritt weitergehen. Es ist eine der grundlegenden Erkenntnisse der heutigen Anthropologie, dass der Mensch gar nicht zu sich selbst kommen kann ohne die Begegnung mit anderen Menschen. Existenz heißt in Begegnung leben. Existieren heißt, andere erfahren. Wer als Kind von seinen Eltern

Güte erfahren hat, vermag später selbst gütig zu sein. Wer viel geliebt worden ist, vermag später selbst zu lieben. Wer andere Menschen in ihrer Andersartigkeit erkannt hat, vermag sich selbst zu erkennen. Der Mensch wird erst wirklich Mensch in der Beziehung zu anderen, im Mitsein mit anderen, im gemeinsamen Erleben von Welt.

Ich hatte vorhin gesagt: Jeder Mensch hat seine eigene, persönliche Welt, und diese Welt nimmt er mit zu Gott. Ich muss nun hinzufügen: In diese eigene, persönliche Welt gehören auch die anderen Menschen, mit denen man zeit seines Lebens zu tun hatte. In diese Welt gehören die Mutter und der Vater, die Schwester und der Bruder, die Gattin und der Gatte, die Kinder, die Verwandten, die Freunde, diejenigen, für die man Verantwortung trug, und viele andere Menschen. Sie alle haben uns geprägt, sie alle gehören zur Geschichte unseres Lebens. Unser Menschsein ist gar nicht denkbar ohne die tausend Fäden, die uns mit den Menschen um uns verknüpfen.

Wenn es wahr ist, dass wir mit unserer ganzen Welt vor Gott hintreten, dann treten wir auch mit diesen Menschen vor Gott hin. Und wenn wir nun bedenken, dass die Menschen, die mit uns verbunden sind, wiederum mit vielen anderen Menschen verbunden sind – und so immer weiter, dann wird begreiflich, dass man überhaupt nicht nur von der Begegnung des Einzelnen mit Gott sprechen kann, sondern dass man zugleich immer auch von der Begegnung aller Menschen, ja von der Begegnung der ganzen Menschheit und der ganzen Geschichte mit Gott sprechen muss. Ich formuliere deshalb als fünfte Aussage: *Mit unserer eigenen persönlichen Welt ist die übrige Welt und die gesamte Geschichte untrennbar verknüpft. Im Tod tritt deshalb zusammen mit uns selbst die gesamte übrige Geschichte vor Gott hin.*

Auch dies hat die Kirche immer festgehalten: Dass die ganze Menschheit vor Gott hintreten wird, dass Gott in Christus vor allen Menschen und vor der ganzen Geschichte erscheinen wird, dass er alle Menschen und die gesamte Geschichte richten wird, und schließlich, dass wir nicht als Einzelne am Leben Gottes Anteil haben, sondern in der Gemeinschaft der Heiligen.

Allerdings verlegte die traditionelle Dogmatik diese Begegnung der gesamten Menschheit mit Gott – beziehungsweise mit Christus – auf einen Punkt am Ende der Welt: »Er wird wiederkommen in Herrlichkeit, zu richten die Lebenden und die Toten«, heißt es im Credo. In dem Augenblick, wo ich damit ernst mache, dass im Tod der ganze Mensch vor Gott erscheint, und gleichzeitig begriffen habe, dass zu jedem Menschen sein Leib und damit ein ganzes Stück Welt gehört, und dass in diese Welt viele andere Menschen hineingehören – in diesem Augenblick muss ich notwendigerweise annehmen, dass ich im Tod mit all den Menschen, die zu mir und meiner Welt gehören, ja dass ich mit der ganzen übrigen Menschheit vor Gott hintreten werde.

Aber wie soll das möglich sein? Ist das alles nicht absurd? Ich lebe, aber viele meiner Freunde sind schon tot. Wie sollen sie gleichzeitig mit mir zu Gott gelangen? Oder: ich sterbe, andere aber leben weiter. Wie sollen sie mit mir zusammen vor Gott hintreten? Oder: ich und die Menschen um mich herum sind gestorben. Die Weltgeschichte aber geht weiter. Jahrtausend um Jahrtausend. Wie soll all diese Geschichte, wie sollen all diese Menschen mit mir zusammen im Tod vor dem Angesicht Gottes erscheinen? Ich denke, an dieser Stelle ist es nun unbedingt erforderlich, ein Wort zum Begriff der Zeit zu sagen.

Die »Zeit« als Eigenheit irdischer Existenz

Zeit ist für uns ja etwas überaus Reales. Die Zeit, in die unser Leben eingebettet ist, erscheint uns als etwas Ehernes und Unabänderliches. Wir leben in der Zeit, müssen uns ihr fügen und können sie nicht überspringen. Und doch ist Zeit viel unwirklicher und brüchiger, als es im ersten Augenblick scheinen möchte. Denn die Zeit ist ja kein Ding wie die anderen Dinge unserer Welt. Sie ist eine

Anschauungsform unseres Bewusstseins. Sie ist ein Schema, in welchem wir die Dauer der Dinge erleben. Bereits in der Mikrophysik wird unser Zeitbegriff durchlöchert. Erst recht zeigen parapsychologische Phänomene die Relativität von Zeit.

Gibt es jenseits der irdischen Welt noch Zeit? Wir setzen das oft als selbstverständlich voraus. Wer zwischen dem persönlichen Gericht nach dem Tod und dem Jüngsten Gericht am Ende der Welt unterscheidet, setzt voraus, dass es im Jenseits Zeit gibt. Wer annimmt, dass die Läuterung des Menschen nach dem Tod eine bestimmte Zeit in Anspruch nimmt, setzt voraus, dass es im Jenseits Zeit gibt. Wer annimmt, dass die Seele des Menschen zunächst ohne Leib bei Gott ist und dass der Leib erst später hinzugefügt wird, setzt voraus, dass es im Jenseits Zeit gibt. Wer annimmt, dass die Menschen, die tausend Jahre später als wir auf Erden leben werden, auch erst tausend Jahre später als wir vor Gott erscheinen werden, setzt voraus, dass es im Jenseits Zeit gibt.

In Wirklichkeit ist jedoch die Zeit genauso eine Funktion unserer irdischen Welt wie der Raum. Raum und Zeit sind Anschauungsformen, in denen wir irdische Wirklichkeit erleben. Sie stehen und fallen mit der Erfahrung dieser unserer Welt. In der Welt Gottes gibt es nicht mehr *unseren* Raum – und genauso wenig *unsere* Zeit.

Das heißt aber, dass der Mensch in *dem* Augenblick, da er stirbt und in die Welt Gottes eintritt, nicht mehr in der Zeit, sondern jenseits aller irdischen Zeit existiert. Mit seiner irdischen Zeit hat er dann nur noch insofern zu tun, als alle Momente der Existenz, die er gelebt hat, in seine Existenz bei Gott hineingezeitigt sind. Seine neue Existenz bei Gott ist die Summe und die Frucht all seiner irdischen Zeit – freilich von Gott verklärt und erhöht, aber sie ist nicht mehr selber in der Zeit.

Wenn diese Überlegungen richtig sind, dann kann nicht mehr gesagt werden, ein bestimmter Mensch wäre früher bei Gott als ein anderer. Denn das würde ja voraussetzen, dass es im Jenseits irdische Zeit gibt, dass dort Tage, Monate und Jahre vergehen wie in unserer Welt. Wir müssen vielmehr sagen: Wenn es bei Gott keine irdische Zeit mehr gibt, dann begegnen alle Menschen, selbst wenn sie zu ganz verschiedenen Zeiten gestorben sind, Gott »zur gleichen Zeit«, nämlich in dem einzigen und doch ewigen »Augenblick« der Ewigkeit. Wenn es bei Gott keine irdische Zeit mehr gibt, dann ist in dem Augenblick, da ich sterbe, die Geschichte schon abgelaufen, dann fällt meine Begegnung mit Gott in eins mit der Begegnung aller Menschen mit Gott. Wenn es bei Gott keine irdische Zeit mehr gibt, dann ist mein Tod bereits der Jüngste Tag, und dann ist in meinem Tod die Auferstehung des Fleisches bereits gekommen. Man kann es auch so formulieren: Indem ein Mensch stirbt und eben damit die Zeit hinter sich lässt, gelangt er an einen »Punkt«, an dem die gesamte übrige Geschichte »gleichzeitig« mit ihm an ihr Ende kommt, mag diese Geschichte auch »inzwischen« in der Dimension irdischer Zeit noch unendlich weite Wegstrecken zurückgelegt haben.

Von daher wird verständlich, warum ich mit einer solchen Zuversicht davon ausgehe, dass nicht nur meine Seele Gott begegnet, sondern meine ganze Existenz und mit dieser zusammen die ganze Menschheit. Es wird nun aber auch verständlich, dass damit die letzten Dinge der Welt, die in der traditionellen Dogmatik so unendlich weit entfernt liegen, dass sie niemanden sonderlich beeindrucken, eine unheimliche Nähe und Aktualität gewinnen. Das Ende der Welt steht für mich schon vor der Tür. Die Stunde des Gerichts ist nicht mehr fern. Wir alle leben in der letzten Zeit, im Angesicht des Endes. Deshalb als sechster Satz: *Im Tod versinkt alle Zeit. Deshalb erlebt der Mensch im Durchschreiten des Todes nicht nur seine eigene Vollendung, sondern zugleich die Vollendung der Welt.*

Jesus als der »Ort« aller Begegnung mit Gott

Ich komme zu einem letzten Punkt – und dieser Punkt ist, genau genommen, der wichtigste. Bisher war ja immer nur von Gott und vom Menschen die Rede, aber fast nie von Christus. Das heißt aber: die eigentlich *christliche* Dimension von Tod und Ewigkeit ist bisher noch gar nicht zu Wort gebracht. Es ist höchste Zeit, dass dies nun mit aller Deutlichkeit geschieht.

Wenn das Neue Testament vom ewigen Leben spricht, von dem, was sich an uns im Tod ereignet, spricht es ja niemals nur von Gott, sondern immer auch von Jesus Christus. Und dasselbe tut die gesamte christliche Tradition. All das, was ich bisher von der endgültigen Begegnung des Menschen mit Gott gesagt habe, wird im Neuen Testament in gleicher Weise als Begegnung mit Christus ausgesagt. Unser Tod ist die große, endgültige Begegnung mit Christus, er wird vor uns erscheinen, er wird uns zum Richter und Retter, er wird unseren armseligen Leib verwandeln in die Gestalt seines verklärten Leibes, er wird die Welt richten, er wird scheiden zwischen Gut und Böse, er wird ewiges Leben zusprechen – all das sagt das Neue Testament von Jesus Christus.

Dieses Nebeneinander von Gott und Jesus Christus in den Endereignissen kann nun freilich so nicht stehenbleiben. Wenn wir genau sind, müssen wir sagen:

Wir werden Gott *in Jesus Christus* begegnen. In ihm wird Gott vor uns aufleuchten. In seinem Angesicht werden wir das Angesicht Gottes schauen. In der Begegnung mit ihm werden wir das Gericht Gottes erfahren. In ihm wird uns Gott sein Erbarmen zusprechen. In ihm werden wir das ewige Leben Gottes finden. Mit einem Satz: *Unsere endgültige Begegnung mit Gott geschieht in Jesus Christus.*

Fragt man über die thetischen Aussagen des Neuen Testaments und der Tradition hinaus, warum dies eigentlich so ist – warum wir einst Gott *in Jesus Christus* begegnen werden – so kann die Antwort nur lauten: Weil es auch schon in der Geschichte so gewesen ist. Gott hat vielmals und in vielerlei Weise zu uns gesprochen; sein letztes, endgültiges und nie mehr überholbares Wort aber sprach er zu uns in Jesus Christus. In ihm ist Gott letzte Offenheit und letzte Gegenwärtigkeit in dieser Welt geworden. In ihm hat sich Gott definitiv an die Welt gebunden. In ihm ist das liebende Ja Gottes zur Welt und zum Menschen endgültig und für immer offenbar geworden. Wer von nun an wissen will, wer Gott ist, muss auf Jesus schauen. Wer ihn sieht, sieht den Vater. Wer ihm begegnet, begegnet Gott. Jesus ist der Ort, wo das befreiende und erlösende Handeln Gottes an der Welt seine letzte Tiefe erreicht hat.

Wenn nun aber Jesus der Ort ist, wo das Offenbarwerden und das endgültige Handeln Gottes in unsere Geschichte dergestalt eingestiftet ist, und wenn irdische Geschichte im Jenseits nicht einfach weitergeht, sondern dort ihre bleibende Endgültigkeit findet, in der alles eingebracht ist, was je in irdischer Geschichte wesentlich war, dann wird Jesus Christus auch im Jenseits aller Geschichte der eigentliche Ort unserer Gottesbegegnung sein. Er wird dann in alle Ewigkeit sein, was er schon hier auf Erden gewesen ist: derjenige, in dem uns das Leben geschenkt wird; derjenige, in dem Gott das ewige Wort seiner Liebe zu uns spricht.

Ich breche an dieser Stelle ab, weil wir hier auf das tiefste und das schönste Geheimnis unseres Glaubens gestoßen sind: So sehr hat Gott uns Menschen angenommen, so sehr liebt er uns, dass wir Gott in alle Ewigkeit nicht anders als in dem Menschen Jesus begegnen werden, dass wir für immer und ewig in dem Herzen eines Menschen Gott selbst finden und dort in die unendliche Liebe Gottes heimgeholt werden.

Hinweise

Zur christlichen Erfahrung bei Pascal. Vgl. *R. Guardini,* Christliches Bewußtsein. Versuche über Pascal, München ³1956. Diesem Buch ist auch die Übersetzung des Mémorials entnommen (vgl. dort 47 f).

Die Entrückung des Romulus findet sich bei Livius, Ab urbe condita I 16. Zur lukanischen Himmelfahrtsgeschichte. vgl. *G. Lohfink,* Die Himmelfahrt Jesu – Erfindung oder Erfahrung? Stuttgart 1972.

Die »Rede des toten Christus vom Weltgebäude herab, dass kein Gott sei« gehört als »Blumenstück« zu dem Roman »Ehestand, Tod und Hochzeit des Armenadvokaten F. St. Siebenkäs im Reichsmarktflecken Kuhschnappel« von Jean Paul. Vgl. Rowohlts Klassiker der Literatur und Wissenschaft 17/18, Hamburg 1957, 160-164.

Impressum
© by Herausgeber: STIFTUNG HAUS der action 365, Frankfurt/M.
Auslieferung: Verlag und Vertrieb der action 365, Frankfurt/M.
www.action365.de
Alle Rechte vorbehalten. Das Werk darf
– auch teilweise – nur mit Genehmigung der
STIFTUNG HAUS der action 365 wiedergegeben werden.
Gestaltung: Gottfried Pott, Wiesbaden.
Satz, Lithos und Druck:
H. Maring GmbH, Hardheim.
Buchbinderische Verarbeitung:
Gunova GmbH, Oerlinghausen.
Printed in Germany
ISBN 978-3-941290-01-3